ARTEMIS – BIBLIOTHEK

4

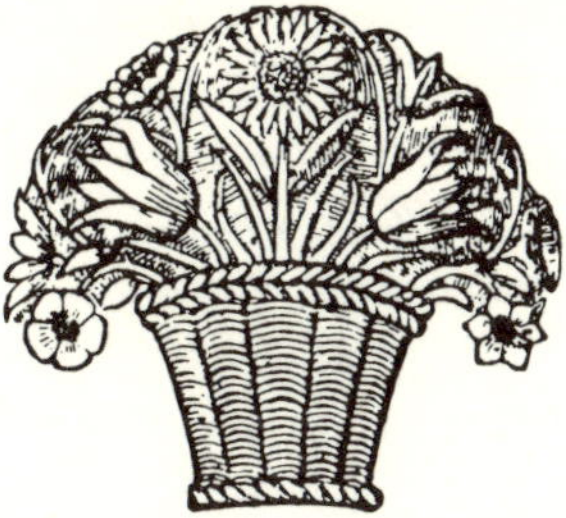

Matthias Claudius

GESPRÄCH MIT DEN GESTIRNEN

NATUR UND JAHRESLAUF

HÄUSLICHES GLÜCK

ALLERLEI BETRACHTUNGEN

VOM REICHTUM DES HERZENS

LOB UND DANK

ARTEMIS VERLAG ZÜRICH UND MÜNCHEN

UNSERE AUSGABE
BERUHT AUF DER EDITION DER
SÄMTLICHEN WERKE VON MATTHIAS CLAUDIUS
(© 1968 WINKLER VERLAG, MÜNCHEN)
TEXTAUSWAHL: MARTIN MÜLLER
EINBANDMOTIV:
AUSSCHNITT AUS EINEM LICHTSCHIRM VOM BEGINN
DES 19. JH. (PRIVATBESITZ RÜSCHLIKON)
GESTALTUNG: PETER RÜFENACHT, ARTEMIS
DIE ILLUSTRATIONEN STAMMEN
VON LUDWIG RICHTER UND
EINIGEN SEINER ZEITGENOSSEN

PRINTED IN GERMANY
ISBN 3 7608 0607 4

Inhalt

Gespräch mit den Gestirnen

Die Sternseherin Lise

Ich sehe oft um Mitternacht,
    Wenn ich mein Werk getan
Und niemand mehr im Hause wacht,
    Die Stern am Himmel an.

Sie gehn da, hin und her zerstreut
    Als Lämmer auf der Flur;
In Rudeln auch, und aufgereiht
    Wie Perlen an der Schnur;

Und funkeln alle weit und breit,
    Und funkeln rein und schön;
Ich seh die große Herrlichkeit,
    Und kann mich satt nicht sehn . . .

Dann saget, unterm Himmelszelt,
    Mein Herz mir in der Brust:
«Es gibt was Bessers in der Welt
    Als all ihr Schmerz und Lust.»

Ich werf mich auf mein Lager hin,
    Und liege lange wach,
Und suche es in meinem Sinn,
    Und sehne mich darnach.

Ein Brief an den Mond

Stille glänzende Freundin,

Ich habe Sie lange heimlich geliebt; als ich noch ein Knabe war pflegt ich schon in den Wald zu laufen und halbverstohlen hinter 'n Bäumen nach Ihnen umzublicken, wenn Sie mit bloßer Brust oder im Negligé einer zerrissenen Nachtwolke vorübergingen. Einst abends fragte ich, was Sie immer so unruhig am Himmel wären, und warum Sie nicht bei uns blieben. «Sie hatte, ach!» hub meine Mutter an und setzte mich freundlich auf

ihren Schoß, «sie hatte einen kleinen lieben Knaben, der hieß Endymion, den hat sie verloren und sucht ihn nun allenthalben und kann den Knaben nicht wiederfinden» – und mir trat eine Träne ins Auge. Oh, Madam! mir ist seitdem oft eine ins Auge getreten. –

Sie scheinen ein weiches schwermütiges Herz zu haben. Der Himmel über Ihnen ist Tag und Nacht voll Jubel und Freudengeschrei, daß seine Schwellen davon erbeben, aber ich habe Sie nie in der fröhlichen Gesellschaft des Himmels gesehn. Sie gehen immer allein und traurig, um unsre Erde herum, wie ein Mädchen um das Begräbnis ihres Geliebten, als wenn das Rauschen von erstickten Seufzern des Elendes, und der Laut vom Händeringen und das Geräusch der Verwesung Ihnen süßer wären als der Päan des Orions und das hohe Allegro von der Harfe des Siebengestirns. Sanftes sympathetisches Mädchen! Erlauben Sie, daß ich meinen Gramschleier einen Augenblick vom Gesicht tue, Ihre Hand zu küssen; erlauben Sie, daß ich Sie zur Vertrauten meiner wehmütigen Kummerempfindung und melancholischen Schwärmereien mache und in Ihren keuschen Schoß weine. Und Jupiter breite ein dünnes Rosengewölk über die Szene!

Ein Wiegenlied, bei Mondschein zu singen

So schlafe nun du Kleine!
Was weinest du?
Sanft ist im Mondenscheine,
Und süß die Ruh.

Auch kommt der Schlaf geschwinder,
Und sonder Müh:
Der Mond freut sich der Kinder,
Und liebet sie.

Er liebt zwar auch die Knaben,
Doch Mädchen mehr,
Gießt freundlich schöne Gaben
Von oben her

Auf sie aus, wenn sie saugen,
Recht wunderbar;
Schenkt ihnen blaue Augen
Und blondes Haar.

Alt ist er wie ein Rabe,
Sieht manches Land;

Mein Vater hat als Knabe
Ihn schon gekannt.

Und bald nach ihren Wochen
Hat Mutter mal
Mit ihm von mir gesprochen:
Sie saß im Tal

In einer Abendstunde,
Den Busen bloß,
Ich lag mit offnem Munde
In ihrem Schoß.

Sie sah mich an, für Freude
Ein Tränchen lief,
Der Mond beschien uns beide,
Ich lag und schlief;

Da sprach sie! «Mond, oh! scheine,
Ich hab sie lieb,
Schein Glück für meine Kleine!»
Ihr Auge blieb

Noch lang am Monde kleben,
Und flehte mehr.
Der Mond fing an zu beben,
Als hörte er.

Und denkt nun immer wieder
An diesen Blick,
Und scheint von hoch hernieder
Mir lauter Glück.

Er schien mir unterm Kranze
Ins Brautgesicht,
Und bei dem Ehrentanze;
Du warst noch nicht.

Der Philosoph und die Sonne

Der Philosoph

Du edler Stern am hohen Himmelszelt,
Du Herr und König deiner Brüder!
Du bist so gut gesinnt – du wärmest uns die Welt,
Und schmückst mit Blumen uns das Feld,
Und machst den Bäumen Laub, den Vögeln bunt Gefieder;
Du machst uns Gold, das Wunderding der Welt,
Und Diamant, und seine Brüder;
Kömmst alle Morgen fröhlich wieder,
Und schüttest immer Strahlen nieder –
Sprich edler Stern am hohen Himmelszelt,
Wie wachsen dir die Strahlen wieder?
Wie wärmest du? Wie schmückst du Wald und Feld?
Wie machst du doch in aller Welt
Dem Diamant sein Licht, dem Pfau sein schön Gefieder?
Wie machst du Gold?
Sprich liebe Sonn, ich wüßt es gern.

Die Sonne

Weiß ich's? Geh, frage meinen Herrn.

Jedermann weiß, daß er in Sonnen- und Mondschein einen Schatten habe, aber jedermann weiß nicht, was für artige Betrachtungen sich über diesen Schatten anstellen lassen. Man könnte sagen, daß der Schatten manches Menschen klüger sei, als der Körper selbst, der ihn macht, weil jener den dritten Mann in einer Vermutung unterhält, die ihn dieser nicht lange haben läßt (siehe die alte Regel: Si tacuisses philosophus mansisses), und was dergleichen Stachelreden mehr sind; ich will hier aber einmal eine ehrbare Vergleichung zwischen dem Schatten eines Menschen und seinem Leumund anstellen. Dieser Einfall, kurz gesagt, mit einem oder zwei treffenden Tertiums-Comparationis, möchte allenfalls hingehen, und vielleicht etwas Weinartiges an sich haben, ich kann mich aber diesmal nicht damit begnügen, und bin entschlossen, ihn durch folgende Absätze vollends zu Wasser zu machen, in der festen Zuversicht, daß es auch mir gelingen werde.

Der Schatten ist ein Ding, das uns gleich ist, das immer neben uns hergeht, uns allenthalben folgt (eher soll Ihr Schatten Sie verlassen); eine Gestalt, über die man sich zwar freuen oder ärgern kann,

wenn man nichts anders zu tun weiß, die aber weder Mark noch Knochen hat; so auch der Leumund –

Der Schatten ist größer und kleiner, nach der Stellung des Körpers. Je höher dieser steht, desto weiter wirft er jenen über die Tiefe hin; so auch der Leumund –

Schon der Heide Virgilius hat in seinen Schäfergesprächen die Anmerkung gemacht, daß der Schatten eines Menschen, und aller andern undurchsichtigen Körper, des Morgens lang sei, des Mittags kürzer werde, und am Abend wieder länger; so auch der Leumund – Doch, damit der Leser Zeit habe, sich zu erholen, so will ich diesen Strich einmal selbst ausfüllen. So auch der Leumund, er sei ein guter oder ein böser, Heldenmut oder Rechtschaffenheit, Abbadonna-Talent, oder Autorname. Wenn ein Mensch anfängt ins Gerede zu kommen, so ist sein Leumund ein ungeheurer Behemut, mit muntern feurigen Augen, nach und nach schläft er ein, und erwacht beim Tode des Menschen wieder. Da fliegen Sinngedichte und Denkmäler, schwarz und weiß, wie Schmetterlinge ums Grab des Erblaßten usw.

Doch diese Ähnlichkeiten sind zu sehr am Tage; in dem, was nun noch kommen soll, und das man als den zweiten Teil ansehen kann, will ich etlicher mit mehrern gedenken, die etwas tiefer liegen.

Weil einige Menschen nicht Gelegenheit haben, bei Sonnenaufgang ihren Schatten zu sehen, und weil der Bemerkungskraft andrer Menschen nicht mehr bei Sonnenuntergang so sehr zu trauen ist, als wenn die Sonne im Meridian steht, so vermute ich fast, daß ich vielen eine Neuigkeit sage, wenn ich die Erfahrung anführe, daß alle Schatten bei Sonnenauf- und -untergange gefärbt sind, bald blau, wie der Hecht sein sollte, und bald grün, wie der Esel war. Buffon hat diese Beobachtung gemacht, und sie in den Mémoires der Akademie der Wissenschaften zu Paris vom Jahr

1743 zuerst angeführt und umständlich beschrieben. Der Abbé Mazeas hat sie in der Histoire de l'Académie des sciences de Berlin fürs Jahr 1752 auf eine Art erklärt, und Mr. Beguelin in ebendieser Sammlung fürs Jahr 1767 auf eine andre. Es ist kein Zweifel, daß dies Phänomenon nicht noch auf eine dritte Art sollte erklärt werden können, wenn ein anderweitiger Abbé darüberkäme; das gehört aber eigentlich nicht zu dieser Vergleichung. Ich brauche hier nur die simpele Erfahrung «der Schatten ist bei Sonnenauf- und -untergang gefärbt», so auch der Leumund – Bei Sonnenauf- und -untergang sind nur wenige schiefe Lichtstrahlen über dem Horizont, da erscheinen schöne glänzende Farben; wenn aber das völlere Licht herabströmt, das alles näher und in gerader Linie beleuchtet, dann verschwinden die schönen glänzenden Schatten, und kleine verachtete Insekten werden sichtbar.

Ein Zwerg hinter einem Riesen wirft keinen Schatten, so auch der Leumund. –

Zwei Schatten, die sich begegnen, gehen sich nicht aus dem Wege, so auch zwei Leumünde –

Der Schatten eines Schwätzers rührt zwar den Mund – hier blickt mein eigner Schatten mich an – ich verstehe dich, Schatten!

Wiegenlied bei Mondschein

Seht doch das kalte Nachtgesicht
Dort hoch am Himmel hangen!
Einst war es glatt, und hatte nicht
Die Runzeln auf den Wangen.

Ja Kind, von diesen Runzeln wär
Nun freilich viel zu sagen;
Am Weihnachtsabend kam Kunz her,
Der Henker mußt ihn plagen,

Kam her und stahl. Wie ging's ihm nicht!
Er wird nicht wieder stehlen.
Hör an, und laß dir die Geschicht
Vom Kohl und Kunz erzählen.

Heinz hatt ein Gärtchen das war schön,
Da stieg des Abends Kunze
Hinein, und, hast du nicht gesehn,
Bestahl den Nachbar Heinze.

Sonst schämt und grämt ein Dieb sich wohl,
Kunz aber nicht; er dachte:
Es fände morgen seinen Kohl
Der Nachbar nicht, und lachte.

Schnell aber war da eine Hand,
Die ihm vertrieb das Lachen,
Sie faßte ihn – husch! und er stand
Im Mond mit seinen Sachen,

Mit seinem Kohl, so wie er war,
Da half kein Schrei'n noch Flehen.
Man sieht ihn itzt auch hell und klar
Mit Kohl im Monde stehen.

Er überdenkt nun den Betrug,
Doch wird ihm wohl zuzeiten
Die Zeit und Weile lang genug,
Und wär wohl gern bei Leuten.

All Weihnachtsabend rührt er sich,
Und ruft aus voller Kehlen:
«Erbarme dich! erbarme dich!
Ich will nicht wieder stehlen.»

Ja, großen Dank! der arme Kunz!
Nun mag er lange wollen;
Er stehet da, und warnet uns,
Daß wir nicht stehlen sollen;

Steht da, und hat nicht Ruh noch Rast,
Und wird da ewig stehen.
Schlaf, wenn du ausgeschlafen hast,
Sollst du auch Kunze sehen.

Am Karfreitagmorgen

Bin die vorige Nacht unterwegen gewesen. Etwas kalt schien einem der Mond auf den Leib, sonst war er aber so hell und schön, daß ich recht meine Freude dran hatt, und mich an ihm nicht konnte satt sehen. Heut nacht vor tausendachthundert Jahren schienst du gewiß nicht so, dacht ich bei mir selbst; denn es war doch wohl nicht möglich, daß Menschen im Angesicht eines so freundlichen sanften Mondes einem gerechten unschuldigen Mann Leid tun konnten! –

Abendlied

Der Mond ist aufgegangen
Die goldnen Sternlein prangen
    Am Himmel hell und klar;
Der Wald steht schwarz und schweiget,
Und aus den Wiesen steiget
    Der weiße Nebel wunderbar.

Wie ist die Welt so stille,
Und in der Dämmrung Hülle
    So traulich und so hold!
Als eine stille Kammer,
Wo ihr des Tages Jammer
    Verschlafen und vergessen sollt.

Seht ihr den Mond dort stehen? –
Er ist nur halb zu sehen,
    Und ist doch rund und schön!
So sind wohl manche Sachen,
Die wir getrost belachen,
    Weil unsre Augen sie nicht sehn.

Wir stolze Menschenkinder
Sind eitel arme Sünder,
    Und wissen gar nicht viel;

Wir spinnen Luftgespinste,
Und suchen viele Künste,
Und kommen weiter von dem Ziel.

Gott, laß uns dein Heil schauen,
Auf nichts Vergänglichs trauen,
Nicht Eitelkeit uns freun!
Laß uns einfältig werden,
Und vor dir hier auf Erden
Wie Kinder fromm und fröhlich sein!

Wollst endlich sonder Grämen
Aus dieser Welt uns nehmen
Durch einen sanften Tod!
Und, wenn du uns genommen,
Laß uns in Himmel kommen,
Du unser Herr und unser Gott!

So legt euch denn, ihr Brüder,
In Gottes Namen nieder;
Kalt ist der Abendhauch.
Verschon uns, Gott! mit Strafen,
Und laß uns ruhig schlafen!
Und unsern kranken Nachbar auch!

Natur und Jahreslauf

Mein Neujahrslied

Es war erst frühe Dämmerung
Mit leisem Tagverkünden,
Und nur noch eben hell genung
Sich durch den Wald zu finden.

Der Morgenstern stand linker Hand,
Ich aber ging und dachte
Im Eichtal an mein Vaterland,
Dem er ein Neujahr brachte.

Auch dacht ich weiter: So, und so,
Das Jahr ist nun vergangen,
Und du siehst, noch gesund und froh,
Den schönen Stern dort prangen.

Der ihm dort so zu stehn gebot
Muß doch gern geben mögen!
Sein Stern, Sein Tal, Sein Morgenrot,
Rund um mich her Sein Segen!

Und bald wird Seine Sonne hier
Zum erstenmal aufgehen! –
Das Herz im Leibe brannte mir,
Ich mußte stille stehen,

Und wankte wie ein Mensch im Traum
Wenn ihn Gesichte drängen,
Umarmte einen Eichenbaum
Und blieb so an ihm hängen.

Auf einmal hört ich's wie Gesang,
Und glänzend stieg's hernieder
Und sprach, mit hellem hohen Klang,
Das Waldtal sprach es wieder:

Der alten Barden Vaterland!
Und auch der alten Treue!
Dich, freies unbezwungnes Land!
Weiht Braga hier aufs neue

Zur Ahnentugend wieder ein!
Und Friede deinen Hütten,
Und deinem Volke Fröhlichsein,
Und alte deutsche Sitten!

Die Männer sollen, jung und alt,
Gut vaterländ'sch und tüchtig
Und bieder sein und kühn und kalt,
Die Weiber keusch und züchtig!

Und deine Fürsten groß und gut!
Und groß und gut die Fürsten!
Die Deutschen lieben, und ihr Blut
Nicht saugen, nicht Blut dürsten!

Gut sein! Gut sein! ist viel getan,
Erobern, ist nur wenig;
Der König sei der beßre Mann,
Sonst sei der beßre, König!

Dein Dichter soll nicht ewig Wein
Nicht ewig Amorn necken!
Die Barden müssen Männer sein,
Und Weise sein, nicht Gecken!

Ihr Kraftgesang soll himmelan
Mit Ungestüm sich reißen! –
Und du, Wandsbecker Leiermann,
Sollst Freund und Vetter heißen!

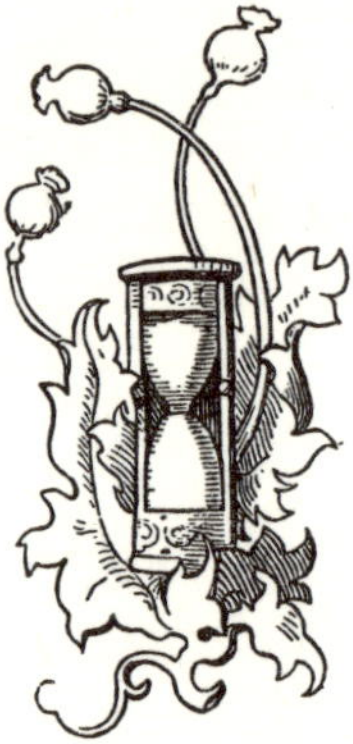

Spekulations am Neujahrstage

'n fröhlichs Neujahr, 'n fröhliches Neujahr für mein liebes Vaterland, das Land der alten Redlichkeit und Treue! 'n fröhlichs Neujahr, für Freunde und Feinde, Christen und Türken, Hottentotten und Kannibalen! für alle Menschen über die Gott seine Sonne aufgehen, und regnen lässet! und für die armen Mohrensklaven, die den ganzen Tag in der heißen Sonne arbeiten müssen! 's ist ein gar herrlicher Tag, der Neujahrstag! ich kann's sonst wohl leiden, daß einer 'n bißchen patriotisch ist, und andern Nationen nicht hofiert. Bös muß man freilich von keiner Nation sprechen; die Klugen halten sich allenthalben stille, und wer wollte um der lauten Herren willen 'n ganzes Volk lästern? wie gesagt, ich kann's sonst wohl leiden, daß einer so 'n bißchen patriotisch ist, aber Neujahrstag ist mein Patriotismus mausetot, und 's ist mir an dem Tage, als wenn wir alle Brüder wären und Einer unser Vater der im Himmel ist, als wären alle Güter der Welt Wasser, das Gott für alle geschaffen hat, wie ich mal habe sagen hören usw.

Ich pflege mich denn wohl alle Neujahrsmorgen auf einen Stein am Weg hinzusetzen, mit meinem Stab vor mir im Sand zu scharren und an dies und jens zu denken. Nicht an meine Leser; sie sind mir aller Ehren wert, aber Neujahrsmorgen auf dem Stein am Wege denk ich nicht an sie, sondern ich sitze da und denke dran, daß ich in dem vergangnen Jahr die Sonne so oft hab aufgehn sehen, und den Mond, daß ich so viele Blumen und Regenbogen gesehn, und so oft aus der Luft Odem geschöpft und aus dem Bach getrunken habe; und denn mag ich nicht aufsehn, und nehm mit beiden Händen meine Mütz ab, und kuck h'nein.

So denk ich auch an meine Bekannte, die in dem Jahr starben, und daß sie nun mit Sokrates, Numa, und andern Männern sprechen können, von denen ich so viel Gutes gehört habe, und mit

Johann Huß; und denn ist's als wenn sich rundum mich Gräber auftun, und Schatten mit kahlen Glatzen und langen grauen Bärten heraussteigen, und 'n Staub aus'm Bart schütteln. Das muß nun wohl der ewige Jäger tun, der übern Zwölften sein Tun so hat. Die alten frommen Langbärte wollen wohl schlafen, aber eurem Andenken und der Asch in euren Gräbern ein fröhlichs fröhlichs Neujahr!!!!

Des alten lahmen Invaliden Görgel sein Neujahrswunsch

Sie haben mich dazu beschieden,
So bring ich's denn auch dar:
Im Namen aller Invaliden
Wünsch ich ein fröhlich Jahr

Zuerst dem lieben Bauernstande;
Ich bin von Bauern her,
Und weiß, wie nötig auf dem Lande
Ein fröhlich Neujahr wär.

Gehn viele da gebückt, und welken
   In Elend und in Müh,
Und andre zerren dran und melken;
   Wie an dem lieben Vieh.

Und ist doch nicht zu defendieren,
   Und gar ein böser Brauch;
Die Bauern gehn ja nicht auf vieren,
   Es sind doch Menschen auch;

Und sind zum Teil recht gute Seelen.
   Wenn nun ein solches Blut
Zu Gott seufzt, daß sie ihn so quälen;
   Das ist fürwahr nicht gut.

Ein fröhlich fröhlich Jahr den Fürsten,
Die nach Gerechtigkeit,
Nach Menschlichkeit und Wohltun dürsten;
Der Fürsten Ehrenkleid!

Sie sind in diesem Ehrenkleide
Wie Gottes Engel schön!
Und haben selbst die meiste Freude;
Sonst muß ich's nicht verstehn.

Ein fröhlich Jahr und Wohlbehagen
Dem Fürsten unserm Herrn!
Der auch in unsern alten Tagen
Noch denket an uns gern;

Der als ein Vater an uns denket
Auf seinem Fürstenthron,
Und uns des Lebens Pflege schenket!
Dank ihm und Gotteslohn!

Und seinen Untertanen allen,
Wir sind ja Brüder gar,
Uns lieben Brüdern Wohlgefallen
Und ein recht gutes Jahr!

«Und allen edlen Menschen Friede
Und Freud auf ihrer Bahn!

Ich segne sie in meinem Liede,
So viel ich segnen kann;

Und fühl in diesem Augenblicke
Den lahmen Schenkel nicht,
Und steh und schwinge meine Krücke,
Und glühe im Gesicht.»

Als der Hund tot war

Alard ist hin, und meine Augen fließen
Mit Tränen der Melancholie!
Da liegt er tot zu meinen Füßen!
Das gute Vieh!

Er tat so freundlich, klebt' an mich wie Kletten,
Noch als er starb an seiner Gicht.
Ich wollt ihn gern vom Tode retten,
Ich konnte nicht.

Am Eichbaum ist er oft mit mir gesessen,
In stiller Nacht mit mir allein;
Alard, ich will dich nicht vergessen,
Und scharr dich ein,

Wo du mit mir oft saß'st, bei unsrer Eiche,
Der Freundin meiner Schwärmerei. –
Mond, scheine sanft auf seine Leiche!
Er war mir treu.

An die Nachtigall

Er liegt und schläft an meinem Herzen,
Mein guter Schutzgeist sang ihn ein;
Und ich kann fröhlich sein und scherzen,
Kann jeder Blum und jedes Blatts mich freun.
Nachtigall, Nachtigall, ach!
Sing mir den Amor nicht wach!

Im Junius

Aber die Lenzgestalt der Natur ist doch wunderschön; wenn der Dornstrauch blüht und die Erde mit Gras und Blumen pranget! So 'n heller De-

zembertag ist auch wohl schön und dankenswert, wenn Berg und Tal in Schnee gekleidet sind, und uns Boten in der Morgenstunde der Bart bereift; aber die Lenzgestalt der Natur ist doch wunderschön! Und der Wald hat Blätter, und der Vogel singt, und die Saat schießt Ähren, und dort hängt die Wolke mit dem Bogen vom Himmel, und der fruchtbare Regen rauscht herab –

Wach auf mein Herz und singe
Dem Schöpfer aller Dinge etc.

's ist, als ob Er vorüberwandle, und die Natur habe Sein Kommen von ferne gefühlt und stehe bescheiden am Weg in ihrem Feierkleid, und frohlocke!

Kuckuck am Johannistage an seine Kollegen

Man rächt sich an dem Undank gern;
Doch hab ich mich genug gerochen,
Und mich von mir ganz satt gesprochen.
Ich hör nun auf ihr Herrn!

Ein Lied um Regen

Der Erste

Regen, komm herab!
Unsre Saaten stehn und trauern,
Und die Blumen welken.

Der Zweite

Regen, komm herab!

Unsre Bäume stehn und trauern!
  Und das Laub verdorret.

Der Erste

Und das Vieh im Felde schmachtet,
  Und brüllt auf zum Himmel.

Der Zweite

Und der Wurm im Grase schmachtet,
  Schmachtet und will sterben.

Beide

Laß doch nicht die Blumen welken!
  Nicht das Laub verdorren!
Oh, laß doch den Wurm nicht sterben!
  Regen, komm herab!

Ein Lied vom Reifen

Seht meine lieben Bäume an,
    Wie sie so herrlich stehn,
Auf allen Zweigen angetan
    Mit Reifen wunderschön!

Von unten an bis oben 'naus
    Auf allen Zweigelein
Hängt's weiß und zierlich, zart und kraus,
    Und kann nicht schöner sein;

Und alle Bäume rundumher
    All alle weit und breit
Stehn da, geschmückt mit gleicher Ehr,
    In gleicher Herrlichkeit.

Und sie beäugeln und besehn
    Kann jeder Bauersmann,
Kann hin und her darunter gehn,
    Und freuen sich daran.

Auch holt er Weib und Kinderlein
    Vom kleinen Feuerherd,
Und marsch mit in den Wald hinein!
    Und das ist wohl was wert.

Einfältiger Naturgenuß
    Ohn Alfanz drum und dran
Ist lieblich, wie ein Liebeskuß
    Von einem frommen Mann.

Ihr Städter habt viel schönes Ding,
Viel Schönes überall,
Kredit und Geld und goldnen Ring,
Und Bank und Börsensaal;

Doch Erle, Eiche, Weid und Ficht
Im Reifen nah und fern –
So gut wird's euch nun einmal nicht,
Ihr lieben reichen Herrn!

Das hat Natur, nach ihrer Art
Gar eignen Gang zu gehn,
Uns Bauersleuten aufgespart
Die anders nichts verstehn.

Viel schön, viel schön ist unser Wald!
Dort Nebel überall,
Hier eine weiße Baumgestalt
Im vollen Sonnenstrahl

Lichthell, still, edel, rein und frei,
Und über alles fein! –
O aller Menschen Seele sei
So lichthell und so rein!

Wir sehn das an, und denken noch
Einfältiglich dabei:
Woher der Reif, und wie er doch
Zustande kommen sei?

Denn gestern abend, Zweiglein rein!
Kein Reifen in der Tat! –
Muß einer doch gewesen sein
Der ihn gestreuet hat.

Ein Engel Gottes geht bei Nacht,
Streut heimlich hier und dort,
Und wenn der Bauersmann erwacht,
Ist er schon wieder fort.

Du Engel, der so gütig ist,
Wir sagen Dank und Preis.

O mach uns doch zum heil'gen Christ
Die Bäume wieder weiß!

Ein Lied
hinterm Ofen zu singen

Der Winter ist ein rechter Mann,
Kernfest und auf die Dauer;
Sein Fleisch fühlt sich wie Eisen an,
Und scheut nicht Süß noch Sauer.

War je ein Mann gesund, ist er's;
Er krankt und kränkelt nimmer,
Weiß nichts von Nachtschweiß noch Vapeurs,
Und schläft im kalten Zimmer.

Er zieht sein Hemd im Freien an,
Und läßt's vorher nicht wärmen;

Und spottet über Fluß im Zahn
  Und Kolik in Gedärmen.

Aus Blumen und aus Vogelsang
  Weiß er sich nichts zu machen,
Haßt warmen Drang und warmen Klang
  Und alle warme Sachen.

Doch wenn die Füchse bellen sehr,
  Wenn's Holz im Ofen knittert,
Und um den Ofen Knecht und Herr
  Die Hände reibt und zittert;

Wenn Stein und Bein vor Frost zerbricht
  Und Teich' und Seen krachen;
Das klingt ihm gut, das haßt er nicht,
  Denn will er sich totlachen. –

Sein Schloß von Eis liegt ganz hinaus
  Beim Nordpol an dem Strande;
Doch hat er auch ein Sommerhaus
  Im lieben Schweizerlande.

Da ist er denn bald dort bald hier,
  Gut Regiment zu führen.
Und wenn er durchzieht, stehen wir
  Und sehn ihn an und frieren.

Häusliches Glück

Vater Adam

Es legte Adam sich im Paradiese schlafen;
Da ward aus ihm das Weib geschaffen.
Du armer Vater Adam, du!
Dein erster Schlaf war deine letzte Ruh.

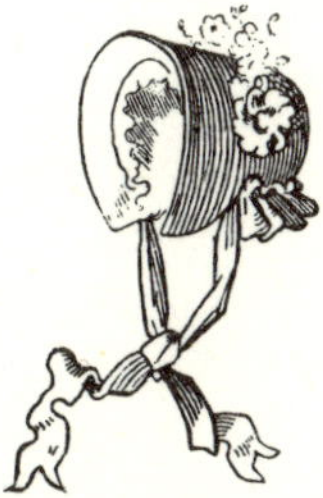

Lied auf die Fräuleins

Füllt noch einmal die Gläser voll
Und stoßet herzlich an:
Daß hoch das Fräulein leben soll!
Denn sie gehört zum Mann.

Gott hat dem Mann sie zugesellt,
Zu sein mit ihm ein Leib,
Und in der großen Gotteswelt
Ist alles Mann und Weib.

Auch sind die Fräuleins sanft und gut,
Und freundlich ist ihr Blick;
Sie machen fröhlich Herz und Mut,
Und sind des Lebens Glück.

Drum habt sie ehrlich lieb und wert!
Und füllt die Gläser voll,
Und trinkt hier, wo uns keine hört,
Auf aller Fräuleins Wohl!

Die Braut

als sie nach der Hochzeitsfeier allein in ihr Kämmerlein gegangen war

Ach, Gottes Segen über dir!
Weil du ihn mir gegeben,
Du schwarzer Mann! Mein Herz schlug mir
Nie so in meinem Leben.

Und meinem Wilhelm schlug es auch! –
Als ihn der Pfarrer fragte,
Und das nach hergebrachtem Brauch
Von Glück und Unglück sagte;

Da sah er her mit Ungestüm,
Als wollt er mich umfangen;

Die hellen Tränen liefen ihm
  Wohl über seine Wangen. –

Ja, Wilhelm, ich bin auch bereit,
  Ich will dich nicht verlassen!
Von nun an bis in Ewigkeit,
  Will ich dich nicht verlassen.

Will immer um und bei dir sein,
  Will Not und Tod nicht scheuen!
Mein trauter Wilhelm! du allein
  Kannst meine Seel erfreuen,

Und sollst allein! drauf ruf ich Gott
  Zum Zeugen hier hernieder.
Und nimmt mich oder dich der Tod,
  So finden wir uns wieder!

Die Mutter bei der Wiege

Schlaf, süßer Knabe, süß und mild!
  Du deines Vaters Ebenbild!
Das bist du; zwar dein Vater spricht,
  Du habest seine Nase nicht.

Nur eben itzo war er hier
        Und sah dir ins Gesicht,
Und sprach: «Viel hat er zwar von mir,
        Doch meine Nase nicht.»

Mich dünkt es selbst, sie ist zu klein,
        Doch muß es seine Nase sein;
Denn wenn's nicht seine Nase wär,
        Wo hättst du denn die Nase her?

Schlaf, Knabe, was dein Vater spricht,
        Spricht er wohl nur im Scherz;
Hab immer seine Nase nicht,
        Und habe nur sein Herz!

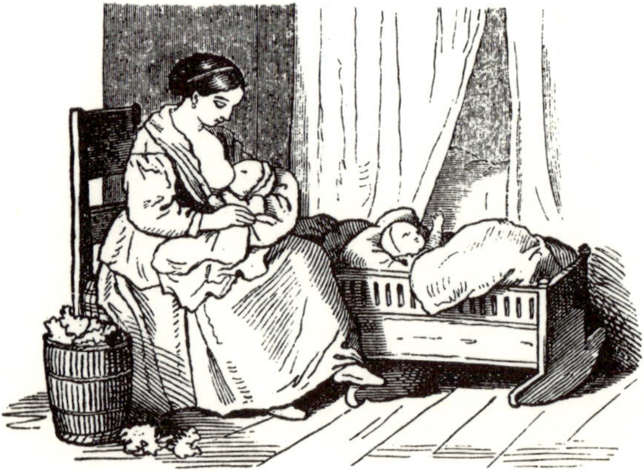

Als er sein Weib und 's Kind an ihrer Brust schlafend fand

Das heiß ich rechte Augenweide,
's Herz weidet sich zugleich.
Der alles segnet, segn' euch beide!
Euch liebes Schlafgesindel, euch!

Motetto,

als der erste Zahn durch war

Victoria! Victoria!
Der kleine weiße Zahn ist da.
Du Mutter! komm, und groß und klein
Im Hause! kommt, und kuckt hinein,
Und seht den hellen weißen Schein.

Der Zahn soll Alexander heißen.
Du liebes Kind! Gott halt ihn Dir gesund,
Und geb Dir Zähne mehr in Deinen kleinen Mund,
Und immer was dafür zu beißen!

Das Kind,

als der Storch ein neues bringen sollte,
für sich allein

Der Storch bringt nun ein Brüderlein –
Er kommt damit ins Fenster herein
Und beißt Mama ein Loch ins Bein,
Das ist so seine Art. – – –

Mama liegt wohl und fürchtet sich . . .
O lieber Storch, ich bitte dich,
Beiß doch Mama nicht hart. –
– – – –

He, he, da kommt Papa herein,
Nun wird er wohl gekommen sein! –
Aber du weinest ja!
Hat er dich auch gebissen, Papa?

Ein Lied in die Haushaltung

Zu singen, wenn ein Wechselzahn soll ausgezogen werden

Die Mutter

Wir ziehn nun unsern Zahn heraus,
Sonst tut der Schelm uns Schaden.
Und sei nicht bange, kleine Maus!
Gleich hängt er hier am Faden.

Die Schwestern und Brüder und der Vater, Coro

Der Zahn der Zahn der muß heraus,
Sonst tut der Schelm nur Schaden.

Die Mutter

Ei seht, sie macht die Nase kraus,
Und fürchtet meinen Faden.
Hilft nicht; der Zahn der muß heraus,
Und denn kriegt Gustchen Fladen,

Coro

Der Zahn der Zahn der muß heraus,
Und denn kriegt Gustchen Fladen.

Die Mutter

So recht, so recht, du liebe Maus!
Nun ist er fest der Faden.

Und – nun ist auch der Zahn heraus,
Und soll dir nicht mehr schaden.

Coro

Der Zahn der Zahn der ist heraus;
Da hängt er an dem Faden!

Frau Rebekka mit den Kindern,
an einem Maimorgen

Kommt Kinder, wischt die Augen aus,
Es gibt hier was zu sehen;
Und ruft den Vater auch heraus . . .
Die Sonne will aufgehen! –

Wie ist sie doch in ihrem Lauf
So unverzagt und munter!
Geht alle Morgen richtig auf,
Und alle Abend unter!

Geht immer, und scheint weit und breit
In Schweden und in Schwaben,

Dann kalt, dann warm, zu seiner Zeit,
Wie wir es nötig haben.

Von ohngefähr kann das nicht sein,
Das könnt ihr wohl gedenken;
Der Wagen da geht nicht allein,
Ihr müßt ihn ziehn und lenken.

So hat die Sonne nicht Verstand,
Weiß nicht, was sich gebühret;

Drum muß wer sein, der an der Hand
Als wie ein Lamm sie führet.

Und der hat Gutes nur im Sinn,
Das kann man bald verstehen:
Er schüttet seine Wohltat hin,
Und lässet sich nicht sehen;

Und hilft und segnet für und für,
Gibt jedem seine Freude,
Gibt uns den Garten vor der Tür,
Und unsrer Kuh die Weide;

Und hält euch Morgenbrot bereit,
Und läßt euch Blumen pflücken,
Und stehet, wenn und wo ihr seid,
Euch heimlich hinterm Rücken,

Sieht alles was ihr tut und denkt,
Hält euch in seiner Pflege,
Weiß was euch freut und was euch kränkt,
Und liebt euch allewege.

Das Sternenheer hoch in der Höh,
Die Sonne die dort glänzet,
Das Morgenrot, der Silbersee
Mit Busch und Wald umkränzet,

Dies Veilchen, dieser Blütenbaum
Der seine Arm ausstrecket,
Sind, Kinder! «seines Kleides Saum»,
Das ihn vor uns bedecket;

Ein «Herold», der uns weit und breit
Von ihm erzähl und lehre;
Der «Spiegel seiner Herrlichkeit»;
Der «Tempel seiner Ehre»,

Ein mannigfaltig groß Gebäu,
Durch Meisterhand vereinet,
Wo seine Lieb und seine Treu
Uns durch die Fenster scheinet.

Er selbst wohnt unerkannt darin,
Und ist schwer zu ergründen.
Seid fromm, und sucht von Herzen ihn,
Ob ihr ihn möchtet finden.

All Engel und Himmels Heer
Und was dienet deiner Ehr,
etc. etc.

Wiegenlied

Großmutter Müller, Großvater und Großmutter Claudius, Vater und Mutter Müller, Tanten Müllern um die Wiege

Alle

Nun liebes Mädchen schlummre ein,
O schlaf in süßer Ruh!
Wir wollen alle stille sein,
Wir sehn dir alle zu.

Großmutter Müller allein

Du liebe kleine Enkelin,
Ich wein mit Freuden hier
Mein Herz auf deine Wiege hin –
Ich fühl's, ich leb in ihr.

Tutti

Nun liebes Mädchen etc.

Großvater und Großmutter Claudius

Kind – einen Blick – denn schlafe du,
Denn wiegen wir dich ein,
Und küssen dir die Augen zu,
Du wirst wohl schläfrig sein.

Tutti

Nun liebes Mädchen etc.

Vater und Mutter

Sie ist doch Fleisch von unserm Fleisch –
Oh, wecket sie nicht auf.
Du Wiege mache kein Geräusch,
Und wecke sie nicht auf!

Tutti

Nun liebes Mädchen etc.

Die Tanten

O seht, wie ruhig schläft sie nun!
Wie wallt die kleine Brust!
In unserm Arme solt du ruhn,
Im Arm, du: unsre Lust.

Tutti

Nun liebes Mädchen schlummre ein
O schlaf in süßer Ruh etc.

Christiane,

seine jung verstorbene Tochter

Es stand ein Sternlein am Himmel,
Ein Sternlein guter Art;
Das tät so lieblich scheinen,
So lieblich und so zart!

Ich wußte seine Stelle
Am Himmel, wo es stand;
Trat abends vor die Schwelle,
Und suchte, bis ich's fand;

Und blieb denn lange stehen;
Hatt große Freud in mir:
Das Sternlein anzusehen;
Und dankte Gott dafür.

Das Sternlein ist verschwunden;
Ich suche hin und her
Wo ich es sonst gefunden,
Und find es nun nicht mehr.

AN FRAU REBEKKA
bei der silbernen Hochzeit

Ich habe Dich geliebet und ich will Dich lieben,
Solang Du goldner Engel bist;
In diesem wüsten Lande hier, und drüben
Im Lande wo es besser ist.

Ich will nicht von Dir sagen, will nicht von Dir singen;
Was soll uns Loblied und Gedicht?
Doch muß ich heut der Wahrheit Zeugnis bringen,
Denn unerkenntlich bin ich nicht.

Ich danke Dir mein Wohl, mein Glück in diesem Leben.
Ich war wohl klug, daß ich Dich fand;
Doch ich fand nicht. GOTT hat Dich mir gegeben;
So segnet keine andre Hand.

Sein Tun ist je und je großmütig und verborgen;
Und darum hoff ich, fromm und blind,
Er werde auch für unsre Kinder sorgen,
Die unser Schatz und Reichtum sind.

Und werde sie regieren, werde für sie wachen,
Sie an sich halten Tag und Nacht,
Daß sie wert werden, und auch glücklich machen,
Wie ihre Mutter glücklich macht.

Uns hat gewogt die Freude, wie es wogt und flutet
Im Meer, so weit und breit und hoch! –
Doch, manchmal auch hat uns das Herz geblutet,
Geblutet . . . Ach, und blutet noch.

Es gibt in dieser Welt nicht lauter gute Tage,
Wir kommen hier zu leiden her;
Und jeder Mensch hat seine eigne Plage,
Und noch sein heimlich Crève-coeur.

Heut aber schlag ich aus dem Sinn mir alles Trübe,
Vergesse allen meinen Schmerz;
Und drücke fröhlich Dich, mit voller Liebe,
Vor Gottes Antlitz an mein Herz.

Allerlei Betrachtungen

Der Mensch

Empfangen und genähret
Vom Weibe wunderbar
Kömmt er und sieht und höret,
Und nimmt des Trugs nicht wahr;
Gelüstet und begehret,
Und bringt sein Tränlein dar;
Verachtet, und verehret;
Hat Freude, und Gefahr;
Glaubt, zweifelt, wähnt und lehret,
Hält nichts, und alles wahr;
Erbauet, und zerstöret;
Und quält sich immerdar;
Schläft, wachet, wächst, und zehret;
Trägt braun und graues Haar etc.
Und alles dieses währet,
Wenn's hoch kommt, achtzig Jahr.
Denn legt er sich zu seinen Vätern nieder,
Und er kömmt nimmer wieder.

FINIS

Ein gülden ABC

A

Armut des Geistes Gott erfreut;
Armut, und nicht Armseligkeit.

B

Besprich dich nicht mit Fleisch und Blut,
Fahr zu, gleich zu, wie Paulus tut.

C

Creuz ist ein Kraut, wenn man es pflegt,
Das ohne Blüte Früchte trägt.

D

Dürst nicht nach Rache und nach Blut;
Vergeben wäre wohl so gut.

E

Ein edles Herz glänzt hell und hold,
Ein gutes ist gediegen Gold.

F

Für was du Gutes hier getan,
Nimm keinen Lohn von Menschen an.

Geduldig sein – Herr lehr es mich,
Ich bitte dich, ich bitte dich.

H

Hau deinen Götzen mutig um,
Er sei Geld, Wollust oder Ruhm.

I

In dir ein edler Sklave ist,
Dem du die Freiheit schuldig bist.

K

Kämpf und erkämpf dir eignen Wert;
Hausbacken Brot am besten nährt.

L

Liebt euch auf Erden, liebt, und wißt,
Daß Gott im Himmel Liebe ist.

M

Merk auf die Stimme tief in dir;
Sie ist des Menschen Kleinod hier.

N

Nimm wahr der Zeit; sie eilet sich,
Und kommt nicht wieder ewiglich.

O

O Herr lehr uns bedenken wohl,
Daß wir sind sterblich allzumal.

P

Parabeln sind wohl fein und schön,
Doch muß sie einer auch verstehn.

Q

Quäl nicht dein Herz ohn Unterlaß,
Eir freier Mut gefällt Gott baß.

R

Recht halte heilig bis in'n Tod,
So bleibt ein Freund dir in der Not.

S

Straf keck das Böse ins Gesicht;
Vergiß dich aber selber nicht.

T

Treib Tugend jeden Augenblick;
Wer nicht vorangeht, geht zurück.

U

Und wenn sie alle dich verschrein,
So wickle in dich selbst dich ein.

V

Verlaß dich nicht auf diese Welt;
Sie ist Schaum, der zusammenfällt.

W

Wie wird es dann, o dann uns sein,
Wenn wir der bessern Welt uns freun?

X

Y

In Sturm die Sonne spiegelt nicht
Im Meer ihr heilig Angesicht.

Z

Zerbrich den Kopf dir nicht zu sehr,
Zerbrich den Willen, das ist mehr.

An meinen Sohn Johannes

Gold und Silber habe ich nicht; was ich aber habe, gebe ich dir.

Lieber Johannes!

Die Zeit kommt allgemach heran, daß ich den Weg gehen muß, den man nicht wiederkömmt. Ich kann Dich nicht mitnehmen; und lasse Dich in einer Welt zurück, wo guter Rat nicht überflüssig ist.

Niemand ist weise von Mutterleibe an; Zeit und Erfahrung lehren hier, und fegen die Tenne.

Ich habe die Welt länger gesehen als Du.

Es ist nicht alles Gold, lieber Sohn, was glänzet, und ich habe manchen Stern vom Himmel fallen und manchen Stab, auf den man sich verließ, brechen sehen.

Darum will ich Dir einigen Rat geben, und Dir sagen was ich funden habe, und was die Zeit mich gelehret hat.

Es ist nichts groß, was nicht gut ist; und ist nichts wahr, was nicht bestehet.

Der Mensch ist hier nicht zu Hause, und er geht

hier nicht von ungefähr in dem schlechten Rock umher. Denn siehe nur, alle andre Dinge hier, mit und neben ihm, sind und gehen dahin, ohne es zu wissen; der Mensch ist sich bewußt, und wie eine hohe bleibende Wand, an der die Schatten vorübergehen. Alle Dinge mit und neben ihm gehen dahin, einer fremden Willkür und Macht unterworfen; er ist sich selbst anvertraut, und trägt sein Leben in seiner Hand.

Und es ist nicht für ihn gleichgültig, ob er rechts oder links gehe.

Laß Dir nicht weismachen, daß er sich raten könne und selbst seinen Weg wisse.

Diese Welt ist für ihn zu wenig, und die unsichtbare siehet er nicht und kennet sie nicht.

Spare Dir denn vergebliche Mühe, und tue Dir kein Leid, und besinne Dich Dein.

Halte Dich zu gut, Böses zu tun.

Hänge Dein Herz an kein vergänglich Ding.

Die Wahrheit richtet sich nicht nach uns, lieber Sohn, sondern wir müssen uns nach ihr richten.

Was Du sehen kannst, das siehe, und brauche Deine Augen, und über das Unsichtbare und Ewige halte Dich an Gottes Wort.

Bleibe der Religion Deiner Väter getreu, und hasse die theologischen Kannengießer.

Scheue niemand so viel, als Dich selbst. Inwendig in uns wohnet der Richter, der nicht trügt, und an dessen Stimme uns mehr gelegen ist, als an dem Beifall der ganzen Welt und der Weisheit der Griechen und Ägypter. Nimm es Dir vor, Sohn, nicht wider seine Stimme zu tun; und was Du sinnest und vorhast, schlage zuvor an Deine Stirne und frage ihn um Rat. Er spricht anfangs nur leise und stammelt wie ein unschuldiges Kind; doch, wenn Du seine Unschuld ehrst, löset er gemach seine Zunge und wird Dir vernehmlicher sprechen.

Lerne gerne von andern, und wo von Weisheit, Menschenglück, Licht, Freiheit, Tugend etc. geredet wird; da höre fleißig zu. Doch traue nicht flugs und allerdings, denn die Wolken haben nicht alle Wasser, und es gibt mancherlei Weise. Sie meinen auch, daß sie die Sache hätten, wenn sie davon reden können und davon reden. Das ist aber nicht, Sohn. Man hat darum die Sache nicht, daß man davon reden kann und davon redet. Worte sind nur Worte, und wo sie so gar leicht und behende dahinfahren; da sei auf Deiner Hut, denn die Pferde, die den Wagen mit Gütern hinter sich haben, gehen langsameren Schrittes.

Erwarte nichts vom Treiben und den Treibern;

und wo Geräusch auf der Gassen ist, da gehe fürbaß.

Wenn Dich jemand will Weisheit lehren, so siehe in sein Angesicht. Dünket er sich noch; und sei er noch so gelehrt und noch so berühmt, laß ihn und gehe seiner Kundschaft müßig. Was einer nicht hat, das kann er auch nicht geben. Und der ist nicht frei, der da will tun können was er will, sondern der ist frei, der da wollen kann, was er tun soll. Und der ist nicht weise, der sich dünket daß er wisse; sondern der ist weise, der seiner Unwissenheit innegeworden und durch die Sache des Dünkels genesen ist.

Was im Hirn ist, das ist im Hirn; und Existenz ist die erste aller Eigenschaften.

Wenn es Dir um Weisheit zu tun ist; so suche sie und nicht das Deine, und brich Deinen Willen, und erwarte geduldig die Folgen.

Denke oft an heilige Dinge, und sei gewiß, daß es nicht ohne Vorteil für Dich abgehe und der Sauerteig den ganzen Tag durchsäuere.

Verachte keine Religion, denn sie ist dem Geist gemeint, und Du weißt nicht, was unter unansehnlichen Bildern verborgen sein könne.

Es ist leicht zu verachten, Sohn; und verstehen ist viel besser.

Lehre nicht andre, bis Du selbst gelehrt bist.

Nimm Dich der Wahrheit an, wenn Du kannst, und laß Dich gerne ihrentwegen hassen; doch wisse, daß Deine Sache nicht die Sache der Wahrheit ist, und hüte, daß sie nicht ineinanderfließen, sonst hast Du Deinen Lohn dahin.

Tue das Gute vor Dich hin, und bekümmre Dich nicht, was daraus werden wird.

Wolle nur einerlei, und das wolle von Herzen.

Sorge für Deinen Leib, doch nicht so als wenn er Deine Seele wäre.

Gehorche der Obrigkeit, und laß die andern über sie streiten.

Sei rechtschaffen gegen jedermann, doch vertraue Dich schwerlich.

Mische Dich nicht in fremde Dinge, aber die Deinigen tue mit Fleiß.

Schmeichle niemand, und laß Dir nicht schmeicheln.

Ehre einen jeden nach seinem Stande, und laß ihn sich schämen, wenn er's nicht verdient.

Werde niemand nichts schuldig; doch sei zuvorkommend, als ob sie alle Deine Gläubiger wären.

Wolle nicht immer großmütig sein, aber gerecht sei immer.

Mache niemand graue Haare, doch wenn Du recht tust, hast Du um die Haare nicht zu sorgen.

Mißtraue der Gestikulation, und gebärde Dich schlecht und recht.

Hilf und gib gerne, wenn Du hast, und dünke Dir darum nicht mehr; und wenn Du nicht hast, so habe den Trunk kalten Wassers zur Hand, und dünke Dir darum nicht weniger.

Tue keinem Mädchen Leides, und denke, daß Deine Mutter auch ein Mädchen gewesen ist.

Sage nicht alles, was Du weißt, aber wisse immer, was Du sagest.

Hänge Dich an keinen Großen.

Sitze nicht, wo die Spötter sitzen, denn sie sind die elendesten unter allen Kreaturen.

Nicht die frömmelnden, aber die frommen Menschen achte, und gehe ihnen nach. Ein Mensch, der wahre Gottesfurcht im Herzen hat, ist wie die Sonne, die da scheinet und wärmt, wenn sie auch nicht redet.

Tue was des Lohnes wert ist, und begehre keinen.

Wenn Du Not hast, so klage sie Dir und keinem andern.

Habe immer etwas Gutes im Sinn.

Wenn ich gestorben bin, so drücke mir die Augen zu, und beweine mich nicht.

Stehe Deiner Mutter bei, und ehre sie solange sie lebt, und begrabe sie neben mir.

Und sinne täglich nach über Tod und Leben ob Du es finden möchtest, und habe einen freudigen Mut; und gehe nicht aus der Welt, ohne Deine Liebe und Ehrfurcht für den Stifter des Christentums durch irgend etwas öffentlich bezeuget zu haben.

Dein treuer Vater.

Ein silbern ABC

A

Aus nichts wird nichts, das merke wohl,
Wenn aus dir etwas werden soll.

B

Betrüge nicht; du hast nicht Rast
Noch Ruh, wenn du betrogen hast.

C

Cränz einen Welterobrer nicht,
Schlepp lieber ihn zum Hochgericht.

D

Dring und durchdringe die Natur;
Wer sie durchdringt, beherrscht sie nur.

E

Erleuchtet das Jahrhundert ist;
Der Esel Stroh und Disteln frißt.

F

Fahr nicht zu hoch her, eitler Mann;
Noch hast du's letzte Hemd nicht an.

G

Greif nicht leicht in ein Wespennest;
Doch, wenn du greifst, so stehe fest.

H

Häng an die große Glocke nicht,
Was jemand im Vertrauen spricht.

I

Im Anfang war die Erde leer,
Am Ende sind's die Köpfe mehr.

K

Kratz nicht im Staube wie ein Tier,
Der Kopf sitzt ja noch oben dir.

L

Leih dem in Not, und sei bereit;
So hast du zwei zugleich erfreut.

M

Mach keines Glauben deinen Spott;
Ein jeder glaubet sich und Gott.

N

Nichts ist so elend als ein Mann,
Der alles will, und der nichts kann.

O

Oft galt das Faustrecht statt der Pflicht;
In unsern Jahren gilt es nicht.

P

Pfeif immer auf dem Finger nicht;
Die Narren tun's, wie Sirach spricht.

Q

Querfeldein braust der Waldstrom wohl;
Der Bach im Wege bleiben soll.

R

Rebekka wählen ist Geschmack;
Nicht wahr, Kollege Isaak?

S

Sir Newton war ein großer Mann,
Ein Tropfen aus dem Ozean.

T

Trag deine Tugenden nicht Schau,
Und ehr und liebe deine Frau.

U

Umsonst ist's, frühe aufzustehn;
Und besser, früh zu Bette gehn.

V

Vor Kritikastern hüte dich;
Wer Pech angreift, besudelt sich.

W

Wer Pech angreift, besudelt sich;
Vor Kritikastern hüte dich.

X

Xerxes verließ sich auf sein Heer;
Allein das Heer auf ihn nicht sehr.

Y

Ygreck ein böser Buchstab ist;
Beim ihm hilft nicht Gewalt noch List.

Z

Zuletzt nehmt noch die Warnung an:
Daß keinem Schelm man trauen kann.

Von der Freundschaft

Ich habe dir in der vorigen Lektion Feindschaft erklärt, und wie man dazu gelangen könne, und wann ein ehrlicher Kerl sie nicht scheuen müsse. Heute von der Freundschaft.

Von der spricht nun einer: sie sei überall; der andre: sie sei nirgends; und es steht dahin, wer von beiden am ärgsten gelogen hat.

Wenn du Paul den Peter rühmen hörst; so, wirst du finden, rühmt Peter den Paul wieder, und das heißen sie denn Freunde. Und ist oft zwischen ihnen weiter nichts, als daß einer den anderen kratzt damit er ihn wieder kratze, und sie sich so einander wechselsweise zu Narren haben; denn, wie du siehst, ist hier, wie in vielen andern Fällen, ein jeder von ihnen nur sein eigner Freund und nicht des andern. Ich pflege solche Ding «Holunderfreundschaften» zu nennen. Wenn du einen Holunderzweig ansiehst, so sieht er fein stämmig und wohlgegründet aus; schneidest du ihn aber ab, so ist er inwendig hohl und ist so ein trocken schwammig Wesen darin.

So ganz rein geht's hier freilich selten ab, und etwas Menschliches pflegt sich wohl mit einzumischen; aber das erste Gesetz der Freundschaft soll doch sein: daß einer des andern Freund sei.

Und das zweite ist, daß du's von Herzen seist und Gutes und Böses mit ihm teilest, wie's vorkömmt. Die Delikatesse, da man den und jenen Gram allein behalten und seines Freundes schonen will, ist meistens Zärtelei; denn eben darum ist er dein Freund, daß er mit untertrete und es deinen Schultern leichter mache.

Drittens laß du deinen Freund nicht zweimal bitten. Aber, wenn's not ist und er helfen kann; so nimm du auch kein Blatt vors Maul, sondern gehe und fodre frisch heraus, als ob's so sein müßte und gar nicht anders sein könne.

Hat dein Freund an sich das nicht taugt; so mußt du ihm das nicht verhalten und es nicht entschuldigen gegen ihn. Aber gegen den dritten Mann mußt du es verhalten und entschuldigen. Mache nicht schnell jemand deinen Freund, ist er's aber einmal, so muß er's gegen den dritten Mann mit allen seinen Fehlern sein. Etwas Sinnlichkeit und Parteilichkeit für den Freund scheint mit zur Freundschaft in dieser Welt zu gehören. Denn wolltest du an ihm nur die würklich ehr- und liebenswürdigen Eigenschaften ehren und lieben, wofür wärst du denn sein Freund; das soll ja jeder wildfremde unparteiische Mann tun. Nein, du mußt deinen Freund mit allem was an ihm ist in deinen Arm und in deinen Schutz nehmen; das granum salis versteht sich von selbst, und daß aus einem Edlen kein Unedles werden müsse.

Es gibt eine körperliche Freundschaft. Nach der werden auch zwei Pferde, die eine Zeitlang beisammenstehen, Freunde und können eins des andern nicht entbehren. Es gibt auch sonst noch mancherlei Arten, und Veranlassungen. Aber eigentliche Freundschaft kann nicht sein ohne Einigung; und wo die ist, da macht sie sich gern und von selbst. So sind Leute, die zusammen Schiffbruch leiden und die an eine wüste Insel geworfen werden, Freunde. Nämlich das gleiche Gefühl der Not in ihnen allen, die gleiche Hoffnung und der eine Wunsch nach Hülfe einigte sie; und das bleibt oft ihr ganzes Leben hindurch. Einerlei Gefühl, einerlei Wunsch, einerlei Hoffnung einigt; und je inniger und edler dies Gefühl, dieser Wunsch und diese Hoffnung sind, desto inniger und edler ist auch die Freundschaft, die daraus wird.

Aber, denkst du, auf diese Weise sollten ja alle Menschen auf Erden die innigsten Freunde sein? Freilich wohl! und es ist meine Schuld nicht, daß sie es nicht sind.

Postskript. Es gibt einige Freundschaften, die im Himmel beschlossen sind und auf Erden vollzogen werden.

An Freund Hain

Ich habe die Ehr Ihren Herrn Bruder zu kennen, und er ist mein guter Freund und Gönner. Hätt auch wohl noch andre Adresse an Sie; ich denk aber, man geht am besten gradezu. Sie sind nicht für Adressen, und pflegen ja nicht viele Komplimente zu machen.

's soll Leute geben, heißen starke Geister, die sich in ihrem Leben den Hain nichts anfechten lassen, und hinter seinem Rücken wohl gar über ihn und seine dünnen Beine spotten. Bin nicht starker Geist; 's läuft mir, die Wahrheit zu sagen, jedesmal kalt übern Rücken wenn ich Sie ansehe. Und doch will ich glauben, daß Sie'n guter Mann sind wenn man Sie genug kennt; und doch ist's mir als hätt ich eine Art Heimweh und Mut zu dir, du alter Ruprecht Pförtner! daß du auch einmal kommen wirst, meinen Schmachtriemen aufzulösen, und mich auf beßre Zeiten sicher an Ort und Stelle zur Ruhe hinzulegen.

Ich hab da 'n Büchel geschrieben, und bring's Ihnen her. Sind Gedichte und Prosa. Weiß nicht, ob Sie 'n Liebhaber von Gedichten sind; sollt's aber kaum denken, da Sie überhaupt keinen Spaß verstehen, und die Zeiten vorbei sein sollen wo Gedichte mehr waren. Einiges im Büchel soll Ihnen, hoff ich, nicht ganz mißfallen; das meiste ist Einfassung und kleines Spielewerk: machen Sie 'mit was Sie wollen.

Die Hand, lieber Hain! und, wenn Ihr 'nmal kommt, fallt mir und meinen Freunden nicht hart.

Die Alten solln ihn anders gebildet haben: als 'n Jäger im Mantel der Nacht, und die Griechen: als 'n «Jüngling der in ruhiger Stellung mit gesenktem trüben Blicke die Fackel des Lebens neben dem Leichname auslöscht». Ist 'n schönes Bild, und erinnert einen so tröstlich an Hain seine Familie und namentlich an seinen Bruder: wenn man sich da so den Tag über müde und matt gelaufen hat und kommt nun den Abend endlich so weit daß man's Licht auslöschen will – hat man doch nun die Nacht vor sich wo man ausruhen kann! und wenn's denn gar den andern Morgen Feiertag ist!! 's ist das würklich ein gutes Bild vom

Hain; bin aber doch lieber beim Knochenmann geblieben. So steht er in unsrer Kirch, und so hab ich 'n mir immer von klein auf vorgestellt daß er auf'm Kirchhof über die Gräber hinschreite, wenn eins von uns Kindern 's Abends zusammenschauern tat, und die Mutter denn sagte: der Tod sei übers Grab gangen. Er ist auch so, dünkt mich, recht schön, und wenn man ihn lange ansieht wird er zuletzt ganz freundlich aussehen.

Bei dem Grabe meines Vaters

Friede sei um diesen Grabstein her!
    Sanfter Friede Gottes! Ach, sie haben
Einen guten Mann begraben,
    Und mir war er mehr;

Träufte mir von Segen, dieser Mann,
    Wie ein milder Stern aus bessern Welten!

Und ich kann's ihm nicht vergelten,
Was er mir getan.

Er entschlief; sie gruben ihn hier ein.
Leiser, süßer Trost, von Gott gegeben,
Und ein Ahnden von dem ew'gen Leben
Düft um sein Gebein!

Bis ihn Jesus Christus, groß und hehr!
Freundlich wird erwecken – ach, sie haben
Einen guten Mann begraben,
Und mir war er mehr.

Über die Musik

Der Mann, der zuerst beim Gottesdienst Musik hören ließ, hatte wohl nicht die Absicht, sich dem Publiko als Komponisten zu empfehlen; sowenig der Prophet Nathan durch seine Fiktion von dem einzigen Schaf des armen Mannes den Namen eines guten Fabeldichters verdienen, und Abraham ein Wundarzt sein wollte, als er nahm seinen Sohn Ismael, und alle Knechte, die daheim geboren waren, und alle, die er erkauft, und alles, das Mannes Namen waren in seinem Hause, und beschnitte die Vorhaut an ihrem Fleische. Er war ohne Zweifel ein Mann von hoher Einsicht und Gesinnung, und ein Freund und Vater seines Volks.

Die ersten Dichter jeder Nation sollen ihre

Priester gewesen sein; vielleicht gerieten diese auch zuerst auf die Erfindung, ihren Gesängen durch Saitenspiel mehr Eingang und Kraft zu geben. Die Musik mag indes am Altar entsprungen, oder in die Tempel eingeführt worden sein, so muß man hier den Zeitpunkt annehmen, darin sie ohne alle eigne Gerechtigkeit war, und in Knechtsgestalt Wunder tat.

Am Hofe zu Jerusalem ward nicht allein des Herrn Gnade des Morgens und des Nachts seine Wahrheit verkündigt auf den zehen Saiten und mit Spielen auf der Harfe; es ward nicht allein nach einem Sieg wider die Philister ein Te Deum aufgeführt mit der Githit, und Gott hochgepriesen mit Posaunen, Psalter und Harfen, mit Pauken und Reigen, mit Pfeifen und Saiten, mit hellen Zimbeln und mit wohlklingenden Zimbeln; sondern der König David ließ auch sein Angstgebet in sehr traurigen und kritischen Situationen, und auch die Bußsoliloquia seiner sehr erschrockenen Seele, die er glaubte, auf acht Saiten vorsingen. Wie solche Nachrichten uns über die Endzwecke der Musik überhaupt klug machen können, so lassen sie uns zugleich auf ihre Gestalt in den Morgenländern, und auf die Idee schließen, die man von ihr hatte.

Der Anekdote zufolge, daß die Musik anfänglich in Griechenland allein beim Lobe der Götter und Helden und bei Erziehung der Jugend gebraucht worden, ist sie vermutlich in dieser göttlichen Einfalt und unerkannten Schönheit aus Orient zu den Griechen gekommen, die auch in diesem Stück αει παιδες waren, und so lange daran feinerten und feilten, bis sie eine schöne Kunst daraus gemacht hatten.

In dem Lande, wo die Dichter in Nachahmer und Schmeichler der herrschenden Neigungen, und Weise in Professores der Dialektik ausarteten, ward die Musik, aus einer heiligen Nonne, eine verzärtelte liederliche Dirne, welche die Vermahnungen Platos und anderer verständigen Männer in den Wind schlug, sich bei aller Gelegenheit sehen ließ, und um öffentliche Preise und den Beifall des wollüstigen griechischen Ohrs buhlte. Sie war nun gar nicht mehr, was sie gewesen war, der schlechte Zauberstab in der Hand des Götterboten:

– hac animas ille evocat Orco
Pallentes, alias sub tristia Tartara mittit,
Dat somnos adimitque et lumina morte
resignat.

Die Musik eines griechischen Virtuosen, der in den Pythischen und andern Spielen mehr als einmal den Preis erhalten hatte, verhält sich zu einem Psalm Davids ohngefähr wie ein Solo eines leichtfüßigen Gecken, der aber ein großer Tänzer ist, zu dem Tanz des Mann Gottes vor der Bundeslade her, deswegen er von der Michal allerhand bittre Kritiken anhören mußte. Plutarch sagt, daß man sich zu seiner Zeit gar nicht einmal einen Begriff mehr von der alten Musik machen konnte, die Jünglinge zu guten Bürgern bildete, und schiebt die Schuld aufs Theater. Zwar gab es auch Musiker, die zu Delphis nicht zur Wette mitspielen wollten, weil sie beßre Absichten hatten; und gemeiniglich waren diese Dichter und Musikus zugleich. In Lykurgs Leben wird von einem Thales, nicht der aus dem Siebengestirn der Weisen sondern ein lyrischer Dichter und Musikus aus Kreta, erzählt, wie folget: «Seine Gesänge waren durch ihren sanftgeordneten wohlklingenden Gang sehr einnehmend, und munterten auf zum herzlichen Gehorsam und zur Eintracht. Wer sie hörte, ward wider sein Wissen und Willen gerührt und sanfter gemacht; sein Herz ward ihm warm für die Tugend und vergaß des Neides schier, der es bisher besessen hatte; daß man auf gewisse Weise sagen kann, dieser Thales habe dem Lykurg vorgearbeitet, und die Bahn gebrochen, die Spartaner auf bessern Weg zu bringen.»

Die Römer sind in Absicht auf die Musik weniger anzuklagen als die Griechen; zu ihnen kam sie aus Griechenland, und die Griechen hatten sie aus Orient.

Bei den übrigen Abendländern und nordischen Völkern ging die Musik noch lange nach Christi Geburt, unter Aufsicht der Priester, mit in den Krieg und gewann Schlachten fürs Vaterland. Man hatte schon in Griechenland mit gutem Erfolg Versuche gemacht, ihrer unsichtbaren Ge-

walt diese Richtung zu geben, jedoch ohne den Deutschen, die sich um Griechenland und seine Kultur wenig bekümmerten, ein Muster, das sie nachahmten, hierin gegeben zu haben. Die Priester der Deutschen bedurften auch eines solchen Musters nicht, um von der Musik nach den Umständen und Bedürfnissen der Nation verschiedene Anwendungen zu machen. Es mögen übrigens den Römern, die an die molliores und delicatiores in cantu flexiones, wie Cicero sich ausdrückt, gewohnt waren, die rauhen Allegros der Deutschen sonderbar vorgekommen sein, und sie werden, als sie die Wirkungen der deutschen Musik unter Varus erfahren hatten, ihren Regiments- und Kompanie-Feldschers über Hermanns Hofkapelle und über die wilde Chromatik seiner Hoboisten sicherlich allerhand spöttische Anmerkungen gemacht haben.

In den folgenden Jahrhunderten nach Christi Geburt muß die Musik, auch als Tonkunst, verfallen sein. Man spricht um die Zeiten von Wiederherstellern und Verbesserern der Musik und führt zum Beweis Dinge an, die ehedem jedem Pfuscher bekannt waren, ohne ihm Verdienst zu geben. Es ist sehr wahrscheinlich, daß in den unruhigen Zeiten die Musik, wie die Gelehrsamkeit, in die Klöster geflüchtet sei, wo sie auch itzo noch vielleicht die besten Dienste tut, wenn sie da einen unzufriedenen traurigen Mönch, der lange mit seinem Gram heimlich kämpfte und auf dem Wege war, seinen Vater und den Tag seiner Geburt zu verfluchen, wenn sie den besänftigen, und seine Seele zu dem großen Entschluß: sich selbst zu überwinden, emporstreben hilft, oder wenn sie einer jungen Nonne, die wider die Theorie von Verleugnung der Welt unüberwindliche Zweifel fühlt, über eine Neigung, die in einem Nonnenkloster von Rechts wegen nicht befriedigt werden kann, den Sieg erleichtert.

Beim Gottesdienst in Rom versuchte die Musik von Zeit zu Zeit naseweis und mutwillig zu werden, daß auch verschiedene Päpste sich gemüßigt fanden, ihrem Mutwillen in Triolen und Trillern etc. Schranken zu setzen. Papst Marcellus II. wollte sie aus der Ursache gar vom Altar verbannen, aber Palestrina versöhnte ihn noch durch eine Messe wieder, die ohne allen Mutwillen langsam und andächtig einhergeht, ihr Auge unbeweglich gen Himmel richtet, und in jedem Schritt das Herz trifft.

Heutzutage empfehlen sich besonders die deutsche und italienische Musik durch hervorragende

Eigenschaften. In beiden haben wir treffliche Meisterstücke, und große Meister, die den Ruhm verdienen, daß sie durch ihre Harmonie und Melodie den Vogel auf der Spitze des Szepters in der hohen Hand Jupiters einschläfern können. Wem es aber von den Göttern aufbehalten ist, die Musik in Einfalt und Kraft wieder einzuführen, der bedarf eines solchen Ruhmes nicht; ihn wird Apollo seinen Freund nennen, und sein unerkanntes Verdienst durch zwei lange Gliedmaßen unter Midas' Locken rechtfertigen.

Über das Gebet, an meinen Freund Andres

Es ist sonderbar, daß Du von mir eine Weisung übers Gebet verlangst; und Du verstehst's gewiß viel besser als ich. Du kannst so in Dir sein, und auswendig so verstört und albern aussehen, daß der Priester Eli, wenn er Dein Pastor loci wäre, Dich leicht in bösen Ruf bringen könnte. Und das sind gute Anzeichen, Andres. Denn wenn das Wasser sich in Staubregen zersplittert, kann es keine Mühle treiben, und wo Klang und Rumor an Tür und Fenstern ist, passiert im Hause nicht viel.

Daß einer beim Beten die Augen verdreht etc. find ich eben nicht nötig, und halte ich's besser: natürlich! Indes muß man einen darum nicht lästern wenn er nicht heuchelt; doch daß einer

groß und breit beim Gebet tut, das muß man lästern, dünkt mich, und ist nicht auszustehen. Man darf Mut und Zuversicht haben, aber nicht eingebildet und selbstklug sein; denn weiß einer sich selbst zu raten und zu helfen, so ist ja das kürzeste daß er sich selbst hilft. Das Händefalten ist eine feine äußerliche Zucht, und sieht so aus als wenn sich einer auf Gnade und Ungnade ergibt und 's Gewehr streckt etc. Aber das innerliche heimliche Hinhängen, Wellenschlagen und Wünschen des Herzens, das ist nach meiner Meinung beim Gebet die Hauptsache, und darum kann ich nicht begreifen was die Leute meinen, die nichts von Beten wissen wollen. Ist ebensoviel als wenn sie sagten, man solle nichts wünschen oder man solle keinen Bart und keine Ohren haben. Das müßte ja 'n hölzerner Bube sein der seinen Vater niemals etwas zu bitten hätte, und erst 'n halben Tag deliberierte, ob er's zu der Extremität wolle kommen lassen oder nicht. Wenn der Wunsch inwendig in Dir Dich nahe angeht, Andres, und warmer Komplexion ist; so wird er nicht lange anfragen, er wird Dich übermannen wie 'n starker gewappneter Mann, wird sich kurz und gut mit einigen Lumpen von Worten behängen und am Himmel anklopfen.

Aber das ist eine andre Frage, was und wie wir beten sollen. Kennt jemand das Wesen dieser Welt, und trachtet er ungeheuchelt nach dem was besser ist; denn hat's mit dem Gebet seine gewiesene Wege. Aber des Menschen Herz ist eitel und töricht von Mutterleibe an. Wir wissen nicht was uns gut ist, Andres, und unser liebster Wunsch hat uns oft betrogen! Und also muß man nicht auf seinem Stück stehen, sondern blöde und diskret sein, und dem lieber alles mit anheimstellen der's besser weiß als wir.

Ob nun das Gebet einer bewegten Seele etwas vermag und würken kann, oder ob der Nexus Rerum dergleichen nicht gestattet, wie einige Herren Gelehrte meinen, darüber lasse ich mich in keinen Streit ein. Ich hab allen Respekt für den Nexus Rerum, kann aber doch nicht umhin dabei an Simson zu denken, der den Nexus der Torflügel unbeschädigt ließ und bekanntlich das ganze Tor auf den Berg trug. Und kurz, Andres, ich glaube, daß der Regen wohl kömmt wenn es dürre ist und daß der Hirsch nicht umsonst nach frischem Wasser schreie, wenn einer nur recht betet und recht gesinnt ist.

Das «Vater Unser» ist ein für allemal das beste Gebet, denn Du weißt, wer's gemacht hat. Aber kein Mensch auf Gottes Erdboden kann's so nachbeten wie der 's gemeinet hat; wir krüppeln es nur von ferne, einer noch immer armseliger als der andere. Das schadt aber nicht, Andres, wenn wir's nur gut meinen; der liebe Gott muß so immer das Beste tun, und der weiß wie's sein soll. Weil Du's verlangst, will ich Dir aufrichtig sagen, wie ich's mit dem «Vater Unser» mache. Ich denke aber, 's ist so nur sehr armselig gemacht, und ich möchte mich gerne eines Bessern belehren lassen.

Sieh, wenn ich's beten will, so denk ich erst an meinen seligen Vater, wie der so gut war und mir so gerne geben mochte. Und denn stell ich mir die ganze Welt als meines Vaters Haus vor; und alle Menschen in Europa, Asia, Afrika und Amerika sind denn in meinen Gedanken meine Brüder und Schwestern; und Gott sitzt im Himmel auf einem goldnen Stuhl, und hat seine rechte Hand übers Meer und bis ans Ende der Welt ausgestreckt, und seine linke voll Heil und Gutes, und die Bergspitzen umher rauchen – und denn fang ich an:

Vater Unser der du bist im Himmel.
Geheiliget werde dein Name.

Das versteh ich nun schon nicht. Die Juden sollen besondre Heimlichkeiten von dem Namen Gottes gewußt haben. Das lasse ich aber gut sein und wünsche nur, daß das Andenken an Gott, und eine jede Spur, daraus wir ihn erkennen können, mir und allen Menschen über alles groß und heilig sein möge.

Zu uns komme dein Reich.

Hiebei denk ich an mich selbst, wie's in mir hin und her treibt und bald dies bald das regiert, und daß das alles Herzquälen ist und ich dabei auf keinen grünen Zweig komme. Und denn denk ich, wie gut es für mich wäre, wenn doch Gott all Fehd ein Ende machen und mich selbst regieren wollte.

Dein Wille geschehe wie im Himmel
also auch auf Erden.

Hiebei stell ich mir den Himmel mit den heiligen Engeln vor die mit Freuden seinen Willen tun, und keine Qual rühret sie an, und sie wissen sich vor Liebe und Seligkeit nicht zu retten, und frohlocken Tag und Nacht; und denn denk ich: wenn es doch also auch auf Erden wäre!

Unser täglich Brot gib uns heute.

'n jeder weiß was täglich Brot heißt, und daß man essen muß solange man in der Welt ist, und daß es auch gut schmeckt. Daran denk ich denn. Auch fallen mir wohl meine Kinder ein, wie die so gerne essen mögen und so flugs und fröhlich bei der Schüssel sind. Und denn bet ich, daß der liebe Gott uns doch etwas wolle zu essen geben.

Und vergib uns unsre Schuld
als wir vergeben unsern Schuldigern.

Es tut weh wenn man beleidigt wird, und die Rache ist dem Menschen süß. Das kömmt mir auch so vor, und ich hätte wohl Lust dazu. Da tritt mir aber der Schalksknecht aus dem Evangelio unter die Augen: und mir entfällt das Herz, und ich nehm's mir vor, daß ich meinem Mitknecht vergeben und ihm kein Wort von den hundert Groschen sagen will.

Und führe uns nicht in Versuchung.

Hier denk ich an allerhand Exempel, wo Leute unter den und jenen Umständen vom Guten ab-

gewichen und gefallen sind, und daß es mir nicht besser gehen würde.

Sondern erlöse uns von dem Übel.

Mir sind hier die Versuchungen noch im Sinn, und daß der Mensch so leicht verführt werden, und von der ebnen Bahn abkommen kann. Zugleich denk ich aber auch an alle Mühe des Lebens, an Schwindsucht und Alter, an Kindesnot, Kalten Brand und Wahnsinn, und das tausendfältige Elend und Herzeleid das in der Welt ist und die armen Menschen martert und quält, und ist niemand der helfen kann. Und Du wirst finden, Andres! wenn die Tränen nicht vorher gekommen sind, hier kommen sie gewiß, und man kann sich so herzlich heraussehnen, und in sich so betrübt und niedergeschlagen werden, als ob gar keine Hülfe wäre. Denn muß man sich aber wieder Mut machen, die Hand auf den Mund legen, und wie im Triumph fortfahren:

Denn dein ist das Reich, und die Kraft und die
Macht und die Herrlichkeit in Ewigkeit,
Amen.

An den Tod

An meinem Geburtstage

Laß mich, Tod, laß mich noch leben!
Sollt ich auch wenig nur nützen,
Werd ich doch weniger schaden,
Als die im Fürstenschoß sitzen
Und üble Anschläge geben,
Und Völkerfluch auf sich laden;

Als die da Rechte verdrehen,
Statt nach den Rechten zu sehen;
Als die da Buße verkünden,
Und häufen Sünden auf Sünden;
Als die da Kranken zu heilen,
Schädliche Mittel erteilen;
Als die da Kriegern befehlen,
Und grausam ihnen befehlen;
Der Helden Kriegskunst nichts nützen,
Um Länder weise zu schützen.
Tod, wenn sich diese nicht bessern,
Nimm sie aus Häusern und Schlössern!
Und wenn du sie nun genommen,
Dann Tod, dann sei mir willkommen.

Was ich wohl mag

Ich mag wohl Begraben mit ansehen, wenn so ein rotgeweintes Auge noch einmal in die Gruft hinabblickt, oder einer sich so kurz umwendet, und so bleich und starr sieht und nicht zum Weinen kommen kann. 's pflegt mir denn wohl selbst nicht richtig in 'n Augen zu werden, aber eigentlich bin ich doch fröhlich. Und warum sollt ich auch nicht fröhlich sein; liegt er doch nun und hat Ruhe! und ich bin darin 'n närrischer Kerl, wenn ich Weizen säen sehe, so denk ich schon an die Stoppeln und den Erntetanz. Die Leut fürchten sich so vor einem Toten, weiß nicht warum. Es ist ein rührender heiliger schöner Anblick, einer Leiche ins Gesicht zu sehen; aber sie muß ohne Flitterstaat sein. Die stille blasse Todsgestalt ist ihr Schmuck, und die Spuren der Verwesung ihr Halsgeschmeide, und das erste Hahnengeschrei zur Auferstehung.

Vom Reichtum des Herzens

Urians Reise um die Welt,
mit Anmerkungen

Wenn jemand eine Reise tut,
So kann er was verzählen;
Drum nahm ich meinen Stock und Hut,
Und tät das Reisen wählen.

Tutti

Da hat Er gar nicht übel dran getan;
Verzähl Er doch weiter Herr Urian!

Zuerst ging's an den Nordpol hin;
Da war es kalt, bei Ehre!
Da dacht ich denn in meinem Sinn,
Daß es hier besser wäre.

Tutti

Da hat Er gar nicht übel dran getan;
Verzähl Er doch weiter Herr Urian!

In Grönland freuten sie sich sehr,
Mich ihres Orts zu sehen,
Und setzten mir den Trankrug her;
Ich ließ ihn aber stehen.

Tutti

Da hat Er gar nicht übel dran getan;
Verzähl Er doch weiter Herr Urian!

Die Eskimo sind wild und groß,
Zu allem Guten träge;
Da schalt ich einen einen Kloß,
Und kriegte viele Schläge.

Tutti

Da hat Er gar nicht übel dran getan;
Verzähl Er doch weiter Herr Urian!

Nun war ich in Amerika;
Da sagt ich zu mir: Lieber!
Nordwestpassage ist doch da;
Mach dich einmal darüber!

Tutti

Da hat Er gar nicht übel dran getan;
Verzähl Er doch weiter Herr Urian!

Flugs ich an Bord und aus ins Meer,
Den Tubus festgebunden,
Und suchte sie die Kreuz und Quer,
Und hab sie nicht gefunden.

Tutti

Da hat Er gar nicht übel dran getan;
Verzähl Er doch weiter Herr Urian!

Von hier ging ich nach Mexiko;
Ist weiter als nach Bremen,

Da, dacht ich, liegt das Gold wie Stroh;
Du sollst 'n Sack voll nehmen.

Tutti

Da hat Er gar nicht übel dran getan;
Verzähl Er doch weiter Herr Urian!

Allein, allein, allein, allein,
Wie kann ein Mensch sich trügen!
Ich fand da nichts als Sand und Stein,
Und ließ den Sack da liegen.

Tutti

Da hat Er gar nicht übel dran getan;
Verzähl Er doch weiter Herr Urian!

Drauf kauft ich etwas kalte Kost,
Und Kieler Sprott und Kuchen,
Und setzte mich auf Extrapost,
Land Asia zu besuchen.

Tutti

Da hat Er gar nicht übel dran getan;
Verzähl Er doch weiter Herr Urian!

Der Mogul ist ein großer Mann,
Und gnädig über Maßen,
Und klug; er war itzt eben dran,
'n Zahn ausziehn zu lassen.

Tutti

Da hat Er gar nicht übel dran getan;
Verzähl Er doch weiter Herr Urian!

Hm! dacht ich, der hat Zähnepein,
Bei aller Größ und Gaben! –
Was hilft's denn auch noch: Mogul sein?
Die kann man so wohl haben.

Tutti

Da hat Er gar nicht übel dran getan;
Verzähl Er doch weiter Herr Urian!

Ich gab dem Wirt mein Ehrenwort,
Ihn nächstens zu bezahlen;
Und damit reist ich weiter fort
Nach China und Bengalen.

Tutti

Da hat Er gar nicht übel dran getan;
Verzähl Er doch weiter Herr Urian!

Nach Java und nach Otaheit,
Und Afrika nicht minder;
Und sah bei der Gelegenheit
Viel Städt und Menschenkinder;

Tutti

Da hat Er gar nicht übel dran getan;
Verzähl Er doch weiter Herr Urian!

Und fand es überall wie hier
Fand überall 'n Sparren,
Die Menschen gradeso wie wir,
Und ebensolche Narren.

Tutti

Da hat Er übel übel dran getan;
Verzähl Er nicht weiter Herr Urian!

Der glückliche Bauer

Vivat der Bauer, vivat hoch!
  Ihr seht es mir nicht an;
Ich habe nichts, und bin wohl doch
  Ein großer reicher Mann.

Frühmorgens, wenn der Tau noch fällt,
  Geh ich, vergnügt im Sinn,
Gleich mit dem Nebel 'naus aufs Feld
  Und pflüge durch ihn hin;

Und sehe, wie er wogt und zieht
  Rund um mich nah und fern,
Und sing dazu mein Morgenlied,
  Und denk an Gott den Herrn;

Die Krähen warten schon auf mich,
  Und folgen mir getreu,
Und alle Vögel regen sich,
  Und tun den ersten Schrei;

Indessen steigt die Sonn herauf
  Und scheinet hell daher –
Ist so was auch für Geld zu kauf,
  Und hat der König mehr?

Und, wenn die junge Saat aufgeht;
  Wenn sie nun Ähren schießt;
Wenn so ein Feld in Hocken steht;
  Wenn Gras gemähet ist etc.

O wer das nicht gesehen hat,
  Der hat des nicht Verstand.
Man trifft Gott gleichsam auf der Tat –
  Mit Segen in der Hand;

Und sieht's vor Augen: wie er frisch
  Die volle Hand ausstreckt,
Und wie er seinen großen Tisch
  Für alle Wesen deckt.

Er deckt ihn freilich, Er allein!
  Doch hilft der Mensch, und soll
Arbeiten und nicht müßig sein.
  Und das bekömmt ihm wohl.

Denn, nach dem Sprichwort, Müßiggang
  Ist ein beschwerlich Ding,
Und schier des Teufels Ruhebank
  Für vornehm und gering.

Mir macht der Böse keine Not;
  Ich dresch ihn schief und krumm,
Und pflüg und hau und grab ihn tot,
  Und mäh ihn um und um.

Und wird's mir auch bisweilen schwer;
  Mag's doch! Was schadet das?
Ein guter Schlaf stellt alles her,
  Und morgen bin ich baß;

Und fange wieder fröhlich an
Für Frau und Kind. Für sie,
Solang ich mich noch rühren kann,
Verdrießt mich keine Müh.

Ich habe viel, das mein gehört,
Viel Gutes hin und her. –
Du droben! hast es mir beschert;
Beschere mir noch mehr.

Gib, daß mein Sohn dir auch vertrau,
Weil du so gnädig bist;
Lieb ihn, und gib ihm eine Frau
Wie seine Mutter ist.

Ein Lied

Ich bin vergnügt, im Siegeston
Verkünd es mein Gedicht,
Und mancher Mann mit seiner Kron
Und Szepter ist es nicht.
Und wär er's auch; nun, immerhin!
Mag er's! so ist er was ich bin.

Des Sultans Pracht, des Mogols Geld,
Des Glück, wie hieß er doch,
Der, als er Herr war von der Welt,
Zum Mond hinaufsah noch? –
Ich wünsche nichts von alledem,
Zu lächeln drob fällt mir bequem.

Zufrieden sein, das ist mein Spruch!
Was hülf mir Geld und Ehr?
Das, was ich hab, ist mir genug,
Wer klug ist wünscht nicht sehr;
Denn, was man wünschet, wenn man's hat,
So ist man darum doch nicht satt.

Und Geld und Ehr ist obendrauf
Ein sehr zerbrechlich Glas.
Der Dinge wunderbarer Lauf
(Erfahrung lehret das)
Verändert wenig oft in viel,
Und setzt dem reichen Mann sein Ziel.

Recht tun, und edel sein und gut,
Ist mehr als Geld und Ehr;
Da hat man immer guten Mut
Und Freude um sich her,
Und man ist stolz, und mit sich eins,
Scheut kein Geschöpf und fürchtet keins.

Ich bin vergnügt, im Siegeston
Verkünd es mein Gedicht,
Und mancher Mann mit einer Kron
Und Szepter ist es nicht.
Und wär er's auch; nun, immerhin!
Mag er's! so ist er was ich bin.

Trinklied

Eine oder etliche Stimmen:

I

Auf und trinkt! Brüder trinkt!
Denn für gute Leute
Ist der gute Wein,

Und wir wollen heute
Frisch und fröhlich sein.
Auf und trinkt! Brüder trinkt!::

Stoßet an, und sprecht daneben:
«Alle Kranke sollen leben!»
Coro von Anfang

2

Herrlich ist's hier und schön!
Doch des Lebens Schöne
Ist mit Not vereint,
Es wird manche Träne
Unterm Mond geweint.
Herrlich ist's hier und schön!::

«Allen Traurigen und Müden,
Gott geb ihnen Freud und Frieden!»
Coro von Anfang

3

Auf und trinkt, Brüder trinkt!
Jeder Bruder lebe,
Sei ein guter Mann!
Fördre, tröste, gebe,
Helfe wo er kann.
Auf und trinkt! Brüder trinkt!::

Armer Mann, bang und beklommen!
Ruf uns nur, wir wollen kommen.
Coro von Anfang.

4

Seht, denn seht! Brüder seht!
Gott gibt uns ja gerne,
Ohne Maß und Ziel,
Sonne, Mond und Sterne,
Und was sonst noch viel.
Seht, denn seht! Brüder seht!

Armer Mann, bang und beklommen!
Sollten wir denn auch nicht kommen?

Coro

Armer Mann, armer Mann!
Bange und beklommen!
Wollen's gerne tun
Wollen gerne kommen,
Ruf uns nur. Und nun
Auf und trinkt! Brüder trinkt.

Abendlied eines Bauermanns

Das schöne große Taggestirne
Vollendet seinen Lauf;
Komm wisch den Schweiß mir von der Stirne,
Lieb Weib, und denn tisch auf!

Kannst hier nur auf der Erde decken,
Hier unterm Apfelbaum;
Da pflegt es abends gut zu schmecken,
Und ist am besten Raum.

Und rufe flugs die kleinen Gäste,
Denn hör, mich hungert's sehr;
Bring auch den kleinsten aus dem Neste,
Wenn er nicht schläft, mit her.

Dem König bringt man viel zu Tische;
Er, wie die Rede geht,
Hat alle Tage Fleisch und Fische
Und Panzen und Pastet;

Und ist ein eigner Mann erlesen,
Von andrer Arbeit frei,
Der ordert ihm sein Tafelwesen
Und präsidiert dabei.

Gott laß ihm alles wohl gedeihen!
   Er hat auch viel zu tun,
Und muß sich Tag und Nacht kasteien,
   Daß wir in Frieden ruhn.

Und haben wir nicht Herrenfutter;
   So haben wir doch Brot,
Und schöne, frische, reine Butter,
   Und Milch, was denn für Not?

Das ist genug für Bauersleute,
   Wir danken Gott dafür,
Und halten offne Tafel heute
   Vor allen Sternen hier.

Es präsidiert bei unserm Mahle
Der Mond, so silberrein!
Und kuckt von oben in die Schale
Und tut den Segen h'nein.

Nun Kinder esset, eßt mit Freuden,
Und Gott gesegn es euch!
Sieh, Mond! ich bin wohl zu beneiden,
Bin glücklich und bin reich!

Lob und Dank

Morgenlied eines Bauermanns

Da kömmt die liebe Sonne wieder,
  Da kömmt sie wieder her!
Sie schlummert nicht und wird nicht müder,
  Und läuft doch immer sehr.

Sie ist ein sonderliches Wesen;
  Wenn's morgens auf sie geht,
Freut sich der Mensch und ist genesen
  Wie beim Altargerät.

Von ihr kommt Segen und Gedeihen,
  Sie macht die Saat so grün,
Sie macht das weite Feld sich neuen,
  Und meine Bäume blühn.

Und meine Kinder spielen drunter,
  Und tanzen ihren Reihn,
Sind frisch und rund und rot und munter,
  Und das macht all ihr Schein.

Was hab ich dir getan du Sonne!
  Daß mir das widerfährt?
Bringst jeden Tag mir neue Wonne,
  Und bin's fürwahr nicht wert.

Du hast nicht menschliche Gebärde,
Du issest nicht wie wir;
Sonst holt ich gleich von meiner Herde
Ein Lamm und brächt es dir,

Und stünd und schmeichelte von ferne:
«Iß und erquicke dich,
Iß liebe Sonn, ich geb es gerne,
Und willst du mehr, so sprich.»

Gott in dem blauen Himmel oben
Gott denn belohn es dir!
Ich aber will im Herzen loben
Von deiner Güt und Zier.

Und weil wir ihn nicht sehen können,
Will ich wahrnehmen sein,
Und an dem edlen Werk erkennen
Wie freundlich er muß sein!

Oh! bis mir denn willkommen heute,
Bis willkomm schöner Held!
Und segn uns arme Bauersleute,
Und unser Haus und Feld.

Bring unserm König heut auch Freude,
   Und seiner Frau dazu,
Segn ihn und tu ihm nichts zuleide,
   Und mach ihn mild wie du!

Das grosse Halleluja

Erster Teil

Accompagnement

Vor allem das entstand,
In der Ewigkeiten Stille
      «War ein unendlicher Verstand»
      «War ein unendlicher Wille»

Ein heilig Wesen, das sich selbst gebar
Und sein wird, was es ist und war;
Das lautre Gut, die Liebe, das Leben,
Mit Friede und Seligkeit umgeben;
Der Erst und Letzte, wunderbar und groß;
Und alles alles alles tief in seinem Schoß;
Das Wesen aller Wesen, Wahrheit, Gott!
Sein Name heißt: Jehova Zebaoth.
– Er duldet nicht das Böse und den Tod –
Halleluja! Er sprach: es werde!
Da wurden Himmel und Erde.

Chöre
«Halleluja, Halleluja!»

Des hohen Himmels Heere,
Die schönen Sterne weit und breit
Verkünden seine Ehre,
Und seine Herrlichkeit.
Er gängelt sie an einer Schnur,
Und nennet sie alle mit Namen,
Und weidet sie wie Lämmer auf der Flur.
Der große Hirte! Amen.

In der Bibel lesen

Ich habe von Jugend auf gern in der Bibel gelesen, für mein Leben gern. 's stehn solche schöne Gleichnis und Rätsel drin, und 's Herz wird einem darnach so recht frisch und mutig. Am liebsten aber les ich im Sankt Johannes. In ihm ist so etwas ganz Wunderbares – Dämmerung und Nacht, und durch sie hin der schnelle zückende Blitz! 'n sanftes Abendgewölk und hinter dem Gewölk der große volle Mond leibhaftig! so etwas Schwermütiges und Hohes und Ahndungvolles, daß man's nicht satt werden kann. 's ist mir immer beim Lesen im Johannes, als ob ich ihn beim letzten Abendmahl an der Brust seines Meisters vor mir liegen sehe, als ob sein Engel mir's Licht hält, und mir bei gewissen Stellen um den Hals fallen und etwas ins Ohr sagen wolle. Ich versteh lang nicht alles was ich lese, aber oft ist's

doch als schwebt' es fern vor mir was Johannes meinte, und auch da, wo ich in einen ganz dunkeln Ort h'neinsehe, hab ich doch eine Vorempfindung von einem großen herrlichen Sinn den ich 'nmal verstehen werde, und darum greif ich so nach jeder neuen Erklärung des Johannes. Zwar die meisten kräuseln nur an dem Abendgewölke, und der Mond hinter ihm hat gute Ruhe.

Täglich zu singen

Ich danke Gott, und freue mich
  Wie's Kind zur Weihnachtsgabe,
Daß ich bin, bin! Und daß ich dich,
  Schön menschlich Antlitz! habe;

Daß ich die Sonne, Berg und Meer,
  Und Laub und Gras kann sehen,
Und abends unterm Sternenheer
  Und lieben Monde gehen;

Und daß mir denn zumute ist,
  Als wenn wir Kinder kamen,

Und sahen, was der heil'ge Christ
Bescheret hatte, amen!

Ich danke Gott mit Saitenspiel,
Daß ich kein König worden;
Ich wär geschmeichelt worden viel,
Und wär vielleicht verdorben.

Auch bet ich ihn von Herzen an,
Daß ich auf dieser Erde
Nicht bin ein großer reicher Mann,
Und auch wohl keiner werde.

Denn Ehr und Reichtum treibt und bläht,
Hat mancherlei Gefahren,
Und vielen hat's das Herz verdreht,
Die weiland wacker waren.

Und all das Geld und all das Gut
Gewährt zwar viele Sachen;
Gesundheit, Schlaf und guten Mut
Kann's aber doch nicht machen.

Und die sind doch, bei Ja und Nein!
Ein rechter Lohn und Segen!

Drum will ich mich nicht groß kastein
Des vielen Geldes wegen.

Gott gebe mir nur jeden Tag,
Soviel ich darf zum Leben.
Er gibt's dem Sperling auf dem Dach;
Wie sollt er's mir nicht geben!

Anhang

WORTERKLÄRUNGEN

13 *Endymion* Geliebter der griechischen Mondgöttin Selene

Päan Hymne, Gesang

Orion Sternbild am Äquator

Siebengestirn Sternbild der Plejaden

sympathetisch seelisch verbunden

18 *Si tacuisses* Hättest du geschwiegen, wärest du ein Philosoph geblieben (nach Boethius)

Tertium comparationis der Vergleichspunkt

20 *Abbadonna-Talent* nach Abaddon, dem Engel des Verderbens in der Apokalypse (9,11)

Behemut nach Behemoth, dem Nilpferd im Buch Hiob (40,15)

Buffon Georges Louis B. (1707–1788), französischer Naturforscher

21 *Mazeas* Guillaume M. (1712–1776), Physiker in Paris und Berlin

Beguelin Nicolas de B. (1714–1789), französischer Mathematiker in Berlin

30 *Barden* germanische Ur-Sänger

Braga norwegischer Skalde, auch als Gott der Dichtkunst betrachtet

33 *Numa* wohl: Numa Pompilius, der zweite der sagenhaften Könige von Rom

34 *Johann Huß* (1369–1415), tschechischer Reformator

der ewige Jäger nach altem Volksglauben kehrt Wotan mit der wilden Jagd nach der Wintersonnenwende für zwölf Nächte zurück

35 *defendieren* verteidigen, rechtfertigen

42 *Alfanz* Narretei, Schwindel

45 *Vapeurs* Launen, Grillen

64 *Crève-Cœur* Herzeleid

87 *granum salis* ein Korn Salz, im Sinn von: mit Einschränkungen

90 *seinen Bruder* Nach antiker Vorstellung ist der Schlaf ein Bruder des Todes

93 *Nathan* Prophet zur Zeit König Davids

94 *Githit* althebräisches Musikinstrument

Bußsoliloquia Buß-Selbstgespräche

95 αει παιδες ewige Kinder

hac animas Vergil, Aeneis IV, 242 ff., über den Götterboten Merkur:

Dann nahm er / Seinen Stab, mit dem er aus Tiefen des Orcus die bleichen / Seelen emporruft, andre zum düsteren Tartarus sendet, / Schlummer gewährt und nimmt, im Tode die Augen entsiegelt.

96 *Plutarch* (ca. 46–120), griechischer Schriftsteller, behandelte in seinen »Moralia« auch musikalische Themen

Lykurg sagenhafter spartanischer Gesetzgeber

98 *molliores und delicatiores in cantu flexiones* Modulationen und Schleifer der Singstimme
Varus Befehlshaber des röm. Heeres, das in der Schlacht im Teutoburger Wald (9 n. Chr.) von den Cheruskern unter Hermann geschlagen wurde
99 *Palestrina* Giovanni Pierluigi P. (1525?–1594), italienischer Komponist, schrieb für den damaligen Papst Marcellus II. die »Missa Papae Marcelli« (1567)
100 *zwei lange Gliedmaßen* Midas' Eselsohren
102 *deliberierte* überlegte
zu der Extremität zum Äußersten
Komplexion Körperbeschaffenheit, vor allem in farblicher Hinsicht (Haut, Augen, Haar)
103 *Nexus Rerum* Zusammenhang der Dinge
Simson der alttestamentliche Held (Buch der Richter 16, 2 f.)
114 *Tubus* Fernrohr
117 *Otaheit* Tahiti
119 *Hocken* Garben
126 *Panzen* Pansen = Magen eines Wiederkäuers, hier: Kutteln (als Gericht)

ARTEMIS – BIBLIOTHEK

1

Daphnis und Chloe

Ein Hirtenroman von Longos

2

Giovanni Boccaccio

Das Faß der Peronella und andere schlimme Geschichten

3

Die weisse Katze

Klassische französische Märchen

4

Matthias Claudius

Gespräch mit den Gestirnen · Gedichte und Betrachtungen

5

Charles Dickens

Eine Christnachts – Geistergeschichte

6

Leo Tolstoi

Wieviel Erde braucht der Mensch · Erzählungen

Die Reihe wird fortgesetzt